길 위에 흐르는 마음

길 위에 흐르는 마음

박창민 시집

현대작가사

시인의 말

어느덧, 삶의 긴 여정을 걸어왔다.

바람 부는 언덕도 있었고, 눈 내리는 골목도 있었다. 손에 움켜쥐었던 것들은 하나 둘 사라졌지만, 가슴에 남은 것들은 시간이 흐를수록 더욱 빛났다.

이 시들은 떠나고, 머물고, 사랑하고, 놓아 주는 동안 가슴 깊이 저며둔 작은 노래들이다.

손주를 보며 웃고, 어머니를 그리며 울고, 세월의 흐름 속에서 다시 배워가는 나날들을 조용히 기록해 두고 싶었다.

이 작은 시들이 나와 누군가의 발걸음 옆에서 조용한 동행이 되기를 바란다.

차례

시인의 말 … 5

제1장 삶의 여정

초로初老 … 14
욕심 … 16
꼰대 찬가 … 17
여정 … 18
누림樓林* … 19
잊혀지는 나날 … 20
삶의 이유 … 22
노년의 여유 … 24
흘러가는 삶 … 26

제2장 사랑하는 사람들

아내 … 28
손주 … 29
그때는 몰랐다 … 30
아들 … 32
고마운 사람 … 34
동행 … 36
'둘찌' … 38
친구 … 40
백돌이 … 42
고추친구 … 44
못 다 부르는 사모곡 … 46

제3장 그리움과 회상

외갓집 가는 길 … 48
망향초 … 50
향수 … 52
회상 … 54
기다림 … 55
바람이 지나간 자리 … 56
그리운 추억 … 58
바다 건너에서 … 59
기억의 세월 … 60
회상의 강 … 62
눈 내리는 저녁 … 64
소안笑顔이 머무는 자리 … 66
침묵의 노래 … 68
향기 … 70

제4장 자연이 주는 위로

윤슬 후 … 72
춘설春雪 … 73
일출 … 74
필목 … 75
해안선 … 76
배꽃 (별내 행진곡) … 77
불암산 … 78
촉우促雨 … 79
민들레 홀씨 되어 … 80
낙엽 … 82
바람이 머무는 곳 … 84
노을 … 86
여백의 미 … 88

제5장 일상과 철학

개똥철학 … 92

선구자 … 93

복권 예찬 … 94

노담(老談) … 95

사색 … 96

창가에 앉아 … 98

손때 묻은 공책 … 100

당산나무 … 102

멍석 … 104

공허한 축제 … 106

제6장 학문과 존재의 질문

학문의 탑을 오르며 … 110

한 줄의 진리 … 112

귀무가설歸無假說 … 114

바람의 침묵(스승의 길) … 116

나의 이름으로 쓰는 이론 … 118

질문하는 자 … 120

학문 앞에 무릎을 꿇다 … 122

제7장 이별과 여운

조국 … 126

이별 … 128

슬픔의 무게 … 129

새벽을 연다 … 130

간이역 … 132

부재 … 134

산수유 … 136

작품을 마무리하며 … 137

| 작품 해설 |

가슴에 하나쯤 품고 사는 시들의 기도 _ **최창일**(이미지 문학평론가) … 141

제1장

삶의 여정

인생은 길 위에서 배운다.
넘어지고 일어서며, 조금씩 익어가는 시간들.
이 장은 시간 속 나를 돌아보며 오늘을 살아가는 여정에 대한 이야기다.

초로 初老

가끔은 내가 낯설다
눈가엔 세월의 주름,
머리카락은 반백이 되었고
서툰 농부가 모내기를 한 듯
머리숱은 엉성하게 바닥을 드러낸다
많은 세월이 흘렀구나…
아직은 청춘이라고 손사래 쳐 보지만
몸짓은 진실을 말해주듯
헛발질 헛손질을 해댄다
참 좋았었지,
한때는 열심히 뛰었고 앞만 보고 살았다
이젠 자꾸 뒤를 돌아보고
조신 내어 걷는 법을 다시금 배운다
삶의 깊이를 알아야 하고
더하여 삶의 이치를 알아야 한다.
보고 싶고 그리운 이름들은 점점 멀어지고
곁에 남은 것들조차 조용히 빛을 잃어간다
하지만 나는 아직 배우는 중이다

늙어가는 것이 아니라 익어가야 하기에
조금은 다르게 살아가는 법을 익히고 있다
오늘 밤도 괜히 쓸쓸해진다.

욕심

훠이~ 훠이~
가거라
내 곁에서 멀리 떠나거라

아무리 소리치고 손을 내저어도
욕심은 질긴 듯
바짓자락을 붙잡고 늘어진다

영욕으로 점철된 지난 세월
덧없는 감옥에 갇힌 내 삶을
부디 미련 없이 떠나주려무나
악연처럼 얽힌 지난날의 그림자를
나 또한 쉬이 떨치지 못하는 것이 아닌가
문득 먼 산을 바라본다

훠이~ 훠이~
이제 함께하기엔
내 남은 인생이 너무 짧다
그동안 고마웠다.

꼰대 찬가

무채색 잠바 속에
희미한 작은 용트림 간직하고서
마음 한구석 멋진 미래 있다고 고갯짓해 보지만
뿌우연 안갯속의 미로는
지쳐가는 행로를 위한 위로인 것을 안다
이제 비틀대며 걷기도 하고
돌멩이에 걸려 넘어지기도 해야 한다
그래야만 누워서라도 삶의 풍경이 보일 것 같다
원망하지 않을 것이다
긴 세월 뒤돌아보면 숨소리에 쇳소리가 들린다
변화를 두려워 말고 뒷걸음을 하더라도
멋있었던 과거를 회상하며
세상이 무거운 쳇바퀴가 되어 올지라도
나는 내 발로 걸어가리라!!!

여정

귓가에 스치는 이름 모를 속삭임에
고개 돌려 대답하려 하니
세찬 바람이 지나간 세월의 기억들
내 귓전에 내려놓고 가네

참으로 매서웠지…
아픔과 회한으로 가득한 긴 세월이었지만
그 세월 후회되지 않는 것은
아직도 사랑하는 이들이
내 곁을 떠나지 않고 지켜주고 있기 때문이다

오늘도 감사하는 마음 이어 붙여
인생 짜깁기를 해본다.

누림樓林*

뽀얀 먼지 속에
유리 옷을 입은 강철들이
하늘 향해 줄을 섰다
햇살이 방향을 잃어
틈바구니를 헤집고
얼굴을 비추려 애써 보지만
갇힌 유리 벽에
회색빛 여운만 남긴 채 모퉁이를 돌아선다
길 가는 나는 언제나 그림자 속에 산다
오늘도 갈 길 잃은
성난 골바람에 잔뜩 머리를 움츠린 채
뜻 모를 외로움과 함께
괜한 고향만 탓하는구나.

*누림樓林: 빌딩 숲

잊혀지는 나날

버스 정류장 가는 발걸음이
이유도 없이 가볍지 않다.
매번 소지품을 잊고 나서기 때문이다
잊지 않기를 바랐다.
시간은 무심하게
언제나 망각의 장소에 나를 데려다 놓는다
친구의 약속
지인의 이름
좋아하는 커피의 원두 향
등산길에서 보았던 야생화
소소한 일상에서의 사실들이
자주 잊혀진다
기억하려 손에 쥐고 있었던 것들이
더 빨리 사라지고
간직하려 고민한 순간들은
기억보다 고통으로 남는다
약속은 잊히기 위해 있는 걸까
기억은 사라지기 위해 있는 걸까

오늘도 스스로 되묻는다
잊는다는 것은 상실이 아니라
살아내는 방법인지도 모르겠다며
위로해 보지만 개운치 않다
귀갓길 아내가 "오늘 하루 어땠냐?"라는 물음에
잠시 멈칫한다
지나온 하루조차 내 안에 흐릿하다.
그래, 복잡한 세상 잊을 것은 잊으며
흘려보내자.
잊혀지는 나날들이
내가 살아있는 증거일 것이다
오늘도 괜히 다이어리에
노란 형광펜으로 덧칠을 해댄다.

삶의 이유

바람에 흩날리는 꽃씨처럼
한때의 유희를 즐기며
스쳐 간 화려함 뒤로
잊혀져가는 것이 두려워
긴 몸부림을 감내하는 것은
고된 삶의 존재 이유가 아닌
이듬해 다시금 빛날 줄 아는
삶의 여유가 있음이리라.

오늘도 침묵 위에
고고한 시간을 살아낸다
문틈 사이로 햇살이 길게
온 방을 가득 채울 때
이유 없는 소회의 웃음이 난다
그 따뜻함이 당신의 마음 같기에
오늘도 살아갈 용기를 얻는다.

삶의 이유는

기억이 흐릿해지는 날에도
그대의 이름만은 잊지 않으리라는
마음의 언약이 있기에
삶의 의미가 된다
따스한 미소로
내 마음의 앙금을 씻어주는 사람,
삶은 거창한 것이 아니라
하루하루 당신 곁에 있다는
이유만으로도 충분하다.

같이 한길을 걸어갈 수 있어
고맙고 감사하여
나는 행복하다.

노년의 여유

세상만사가 시작이 있으면
끝이 다가오듯
삶의 끝자락처럼
저녁 햇살이 창가에
마지막 여운을 남기듯 머뭇거린다
이루기보다는 놓아야 한다는
마음의 울림과
위를 향하는 것보다
그 자리에 남아 있음이 편안한
평화의 시간을 지금 살고 있다.

초년 때의 걸음걸이는
박자 없이 걷는 헛발질에 묻히고
빠름보다는 어디로 향하는가를
더 귀하게 여김을 이제는 안다.

비로소 여유라는
삶을 배운다.

모진 욕망은 둥근 돌이 되었고
갈망의 흔적들 빛바랜 촛농이 되어
잔잔히 매달려 있다.

이제 기다릴 줄 알게 되었고
무엇도 원하지 않는 나무처럼
옆에 서 있는 것에 감사하며
그냥 두어도 없어지지 않는 것들을
조심스레 사랑하게 되었다.

오늘도 라디오에서 흘러나오는
귀에 익은 가요 한 소절을 따라 부르며
문득 눈가를 적신다.

참, 노년이란
"여유 있고 느리게 우리 곁에 도착하는 삶의 귀한 선물이다."

흘러가는 삶

물살은 뒤돌아보지 않고 흘러
스치는 인연도 품지 않은 채
급히 갈 길을 간다.

우리의 삶은 달라야 한다
지나간 이름을 기억해야 하고
잊혀져 가는 목소리도 되살려야 한다
흘러가는 존재이지만 되감기를 해야
세상 사는 삶의 방식일지 모른다.

그게 쉬운 일인가?
어제 일도 기억을 못 하는 것을…
결국은 흐르는 물처럼 놓아야 함을 배우고
이루어지지 않음이 완성되었다는 것을
이제는 인정해야 한다.

작은 개울 물이 흘러 흘러 바다를 이루듯
인생도 세월의 흐름을 익혀야
채움의 미학을 알기 때문이리라.

제2장

사랑하는 사람들

삶을 영위하는 이유는 사랑이다.
가족, 친구, 그리고 마음 깊이 남은 사람들,
이 장은 사랑하는 사람들에게 고백한다.

아내

도서관 창가 벚꽃 나무가 흩어지는 바람결에 하얀 눈꽃 되어 내릴 때,
나는 가만히 당신을 생각합니다. 눈꽃처럼 가슴 깊이, 조용히 내려앉습니다.
아침을 깨우는 따스한 햇살처럼, 저녁 지친 마음을 감싸는 노을처럼, 당신은 언제나 나를 지켜주는 마음의 등불입니다.
홀로 있는 시간에도, 같이 있는 시간에도, 당신은 늘 편안하고 안전한 곳으로 나를 이끌어줍니다.
이제야 알겠습니다. 당신의 밝은 웃음이, 부드러운 손길이, 모두 사랑이었음을.
부끄러워 말하지 못했지만, 언제나 변함없이, 늘 사랑했습니다.
그리고 사랑합니다. 앞으로도 영원히……:

손주

"할미~ 할비~"
조그마한 손이
마음을 파고든다
세상 다 가진 양 웃음기 있는 옹알이에
마냥 나비가 되어
함께 하늘을 날아다닌다
세월의 흐름이
나에게 준 곱디고운 선물
손주라는 이름은
세상의 기적 이어라
고마워~
사랑해~

그때는 몰랐다

봄비가 촉촉이 대지를 적신다.
어머니의 묏등에도 내 마음에도 봄이 젖는다

어릴 적 엄마 배가 왜 그렇게 홀쭉하고 주름졌는지
그때는 몰랐다
엄마 손이 매듭지고 손톱이 닳아 없었는지
그때는 몰랐다
여섯 자식 배불리 먹이시며
언제나 배부르다며 손사래 치시던 이유를
그때는 몰랐다
아침이면 엄마 베갯잇이 젖어 있는 이유를
그때는 몰랐다.

배불리 먹여주고 공부하라며
먼 친척 집에 애써 웃음 지으며 보내지만
버스가 모퉁이 돌아설 때
메어지는 아픈 가슴 부둥켜안고 눈물 흘리셨던 모습을
그때는 몰랐다

이제 그 자식들 손자 보며 잘살고 있는데
바쁜 걸음으로 떠나셔야 했는지
어머니를 그렇게 보내서는 안 되었는데

하염없이 내리는 오월의 비
내 눈가에도 뜨거운 눈물이 빗물처럼 흘러내린다
이제야 나도 어른이 되어가는가 보다.

아들

먼 이국땅에서 다른 이름으로
살아가는 것을 알면서도
가끔 채취가 그리워 사진첩을 뒤적인다
너희들이 웃던 자리에 바람이 남아
인기척이라도 느껴지면
소리 없이 그리움의 문을 열어젖힌다.

사진 속의 미소는 여전한데
그 미소를 안아줄 손길이 너무 멀리 있구나

아들아,
어른이 되어 멀리 가 버린 너희들,
그래도 우리는 늘 함께하는 부모이고 싶다

언젠가 손주에게 우리 이야기를 해 줄 때
우리가 너희들을 얼마나 많이 사랑했는지를
다정하게 말해준다면

그걸로 충분하단다

사랑한다 아들아!

고마운 사람

창가에 비치는 따스한 햇살과 함께
어깨 위에 정겨운 이름이 내려앉는다
오늘도 그 이름에 고맙다고 덧칠을 한다.

당신의 끝없는 배려와
깊이를 더해가는 믿음이
지쳐가는 나를 일으켜 세우고
두렵게 다가오는 외로움의 굴레를
벗어나게 합니다.

고마운 사람
당신이 있어
나의 존재 이유를 배워가고
삶의 가치가 빛을 발합니다
머지않아 당신의 오랜 기다림이 잿빛이 되기 전
나는 다시 태어날 것입니다.

집으로 돌아가는 발걸음이 가볍다
내 생애에 최고의 선물은 당신이라는 것을 알기 때문이리라.

동행

오랜 시간 먼 길을 함께 했기에
당신과의 동행은
5월의 햇살처럼 따스하고 늘 푸근합니다.

삶이 힘들어 지칠 때
당신의 존재만으로 위로가 되고
일어서 새롭게 출발하는 길잡이가 됩니다.

사랑이란 말없이 지켜주고
묵묵히 기다려주는 함께한 시간의 흐름이 주는
선택의 약속임을 이제야 어렴풋이 앎니다.

오늘도 나는 태어납니다
당신의 그림자가 심연의 길잡이가 되어
강물처럼 흘러 어둠의 터널을 지나
광명의 밝음이 되고 있습니다.

당신과의 동행,

삶이 준 축복입니다.

고맙고, 감사합니다.

'둘찌'

화사한 웃음이 있다고
마음속에 즐거움이 있는 것이 아니라는 것을
'둘찌'를 보며 알았습니다
어두움을 감추고 환함으로 다가오는 '둘찌'
웃음으로 삶을 다잡은 모습 뒤에는
우리가 헤아리지 못하는
긴 밤이 있었겠지요
절망의 터널을 지난 후
더욱 단단해진 '둘찌'의 모습
나이를 먹어서,
철이 들어서가 아니겠지요
야속하게 세상 먼저 떠난 사람 이름을
되 내이고 싶진 않지만
그 사람의 흔적은 '둘찌'의 눈빛과 침묵 뒤에
고요히 자리 잡고 있답니다
가족이기에
가까이 있기에
더 조심스러웠던 위로

이젠 말하고 싶습니다

당신이 걸어온 시간들을 모두 알지 못하지만
그 무게만큼 당신을 존경합니다
그리고 많이
참 많이……….

친구

어스름한 어둠이 내리는 저녁
이유나 약속 없이
통기타 선율과 함께 얼굴을 마주쳤지
세상이 변하고 세월이 흘렀지만
밤하늘에 펼쳤던 추억은
마냥 그 자리에 머물러 있네
가까이 있지 못하지만
가슴 깊은 곳 한자리에 있는 사람,
자주 만나지 못하고
목소리도 잦아들지만
가끔은 기억 속에 찾아와
그때의 웃음으로 웃는다
세월의 무게가 어깨를 짓눌러
발걸음이 더뎌지고
거울 속의 변해가는 내 얼굴이 낯설어지지만
기억 속의 우리는 마냥 그 시절
눈빛을 떠올리며 즐거워하고 있다
같은 길을 걷지 않아도

삶의 끝자락에서 늘 서로 바라보는 존재,
친구는 흔적이 아니라
삶의 방식이 된다
넘어질 때 먼저 일으켜 세우는 것보다
곁에 앉아 말없이 마음을
헤아려 주는 존재가 되고 싶다
세상의 빛이 바랠 때
함께 어둠을 공유하며 걸을 수 있는 사람,
그리고
나는 그대에게 그런 친구이고 싶다.

백돌이

어디서 오는 자신감인지
그림 같은 스윙을 상상하며
티업 박스에 올라선다

하지만 드라이브는 하늘 위를 날고
볼은 길을 잃은 채 어디론가 신나게 달린다

빨간 말뚝은 내 친구
하얀 말뚝은 내 동반자
모래톱은 반갑다고 입 벌리고 인사한다

기필코 백돌이 탈출을 다짐하고
퍼터를 들었지만
한 홀, 두 홀…… 스코어는 자유로운 영혼이 되어
머릿속을 지우개가 되어 백지를 만든다

동반자들도 웃고
나는 허탈감에 더 크게 웃고

그래도 몇몇 티샷의 짜릿함이,
아이언의 가능성이,
퍼터의 희망이,
도전하는 이 마음이,
진짜 스코어 아니겠는가?

오늘도 신나게 휘두른다
어느새 인생을 닮은
골프가 아쉬움을 남긴 채
석양 속으로
마지막 '쌍욕 홀'을 마치고 인사를 한다

"오늘도 잘 쳤습니다."

고추친구

계곡 골바람에
잊은 채 지내온 옛 추억들이
도시의 회색 먼지를 털고
가슴을 파고든다.

흐르는 세월 속에 기억은 흐릿해도
학교 마치면 책가방 내던지고
바람보다 먼저 담박질하던 그 시절,
개울가의 물웅덩이에서
속옷도 없이 물장구치고
소쿠리로 피라미 잡으며
고무줄, 비석 치기 돌, 들판의 메뚜기면
하루가 지나갔던 세상에서
가장 아름다운 순간들이었다.

그러다 언제부터 고향을 떠나
낯선 도시 내음에 지칠 때에
그 시절 고추 친구들 사는 얘기 나오면

그리움에 웃음보다
눈물이 눈가를 적신다.

이제 머리 희어지고,
허리 굽어지기 시작하지만
그때의 따뜻했던 시절 안주 삼아
막걸리 한잔 기울이며
너털웃음 짓는 이유는
소중함이 함께 익어가는
기쁨이 크기 때문이다.

"소싯적 친구들이 보고 싶고 그 시절이 그립다."

못다 부르는 사모곡

엄마…!
목이 메이고 자꾸 눈물이 난다.

제3장

그리움과 회상

잊지 못하는 추억들이 있다.
다시는 돌아갈 수 없지만, 마음속에서 살아 있는 그 순간들
이 장은 그리움의 뒤안길에서 나 자신을 찾는 시간이다.

외갓집 가는 길

바다가 보이는 십 리 흙길을
콧노래 부르며 따라 걷는다
다랭이밭 사이로 해풍이 불어오고
이름 모를 들꽃들이 웃음으로 반겨준다
멀리서 닭 회치는 소리 들리고
초가집 굴뚝에서 저녁연기 피어오를 즈음,
외할머니 버선발로 뛰어나와 손주 왔다며 안아주던
그 손길이 너무나도 그립다
부엌에서 바지런히 생선 뒤집던 이모,
진수성찬의 고봉밥에 행복한 배부름에 이어
외가 어른들의 따뜻한 웃음과 눈빛들이
그리움 뒤에 슬픔으로 다가온다
그때는 잘 몰랐다
그 웃음에 얼마나 큰 사랑이 숨어 있었는지
이제는 그분들의 자리는 비어 있고
나도 그 자리를 채워 앉지 못한다

외가,

머릿속에 되뇌이면 심연에서 불빛 하나가 켜진다
그곳은 다른 사랑의 이름으로
존재하는 영원한 안식처이다
"외갓집 가는 길"은 길이 아니다
내 마음의 고향으로 돌아가는
한편의 서사시이다
참으로 보고 싶고
또 그립다….

망향초

모든 게 낯설게 느껴진다.
조급한 거리 풍경
익숙지 못한 이웃의 행동
답답함이 묻어 있는 도회지 공기
난 길 잃은 이방인이 된다.

해거름이면 집집마다의 굴뚝에서 피어나던 뽀얀 연기
부엌에서 들려오는 찌개 끓는 소리가 멈출 때면
어김없이 들려오던 어머니의 다정한 부름에
골목길 숨바꼭질, '무궁화꽃이 피었습니다' 놀이 그만하기
아쉬워할 때
부지깽이 손사래에 혼쭐나던 기억이
아련함이 되어 마음을 저린다.

뿌리를 옮겨도 고향의 향을 품는다는 '망향초'가 되고
싶다.
그 냄새가, 그 저녁이, 그 따스함이 바람 되어 내 마음을
흔든다.

벌써 바람과 하나 되어 고향 하늘을 날고 있다.

향수

춘풍에 고향 내음이 쫓아온다
냇가에서 물장구치던 추억의 숨결이다
개울이 흐르고
논둑길이 이어지고
이름 모를 풀꽃들이 피어 있고
해거름 굴뚝 연기와 함께 피어오르던 보리밥 내음
싸리대문 사이로 닭 회치는 소리가
돌아갈 수 없는 고향길을 아련한 가슴으로 달리게 한다
그곳은 잊혀 가는 장소가 아니라
잃어버린 시간의 곳간이다
향수,
진정 마음속 깊이 새겨져 있는 작은 향기이다

도회지라는 쳇바퀴에서
그림자조차도 머물 수 없는 무덤 위에
바람에 묻혀 있는 고향의 향기로 덧칠을 해 보지만
빛은 사라지고 허망함만 가슴을 더 에워온다
겉으로 푸르지만 흙 내음을 그리워하는

잔뿌리로 가득하다

언젠가 길가의 민들레처럼 노랗게 피어나는
꽃이 되어 보리라.

회상

지나간 세월이 아름다운 것은
그 시간의 온기가
끝나지 않았기 때문이다.

어둠 속에서 만물은 빛을 잃어가지만
깊숙한 곳에 숨쉬고 있는
당신의 체취는 낡은 필름 속의
흐릿한 영상이 되어 기억 속에서
환한 미소로 함께한다.

이 밤도 거리의 가로등 빛이
창가에 드리우듯
예전 무심코 건넨 당신의 따뜻한 한마디가
손끝의 온기가 되어 방안을 가득 채운다.

회상,
서로를 잊지 않아야 하는
망각 속에서의 아름다운 다짐이다.

기다림

무엇을 위한 기다림이었는지
흐릿한 기억 속 어디에도 닿지 않고
허공에서 맴돌고 있다
꼭 와야 하는 기다림이 아니라고 고개 저어보지만
못내 아쉬웠던 설레임이 마음 한구석을 차지한다
오랫동안 가지 않았던 길을 바라본다
작은 위로 속에 이어지는 소망의 끈은 새로운 시작이
이어짐으로 더 나아갈 조짐 없이 자꾸 낮게 내려앉는다
이제는 알 것 같다
알아야 한다
시작은 있지만 끝은 끝이 아니라 소망의 문턱이라는 것을…
오늘도 꿈을 꾼다
마음 한구석에 비친 고요함 속의 작은 불씨를 믿으며
조금씩 조금씩
그리고 활활 타오를 그날을 기다려 본다.

바람이 지나간 자리

추억 속의 길 잃은 방랑자가 되어
기억의 덫을 이어가며
회상의 뒤안길을 헤매어 보지만
바람이 머물다 간 자리에는
아무 흔적도 남아있지 않고
떨어져 뒹구는 낙엽과
흩날리다 자리 잡은 먼지만이
앉아 있을 뿐이다

언젠가처럼 당신의 자리는
을씨년스럽게 비어 있기에
마지막 자락에 어깨를 맞대고
기억 속에 머물다 간 조각들에
귀 기울이고 숨죽여 기대어 본다.

무수한 추억들은
삶의 뒤안길로 사라져
망각의 숲을 찾아가고

그 자리엔 당신의 숨결이,
따스한 손길이,
허상으로 내려앉아 있다.

나는 안다
바람은 떠나는 것이 아니라
머물 수 없는 추억들을 안고 지나가는 것을

바람이 분다
하지만 나는 아직 이 자리를 떠날 수가 없다.

그리운 추억

빗소리에 창을 열어본다
상쾌한 바람이 방안을 가득 채운다.

수더분한 옷매무새
똘망똘망한 눈망울…
어디선가 들려오는 상냥스런 목소리에
당신의 경춘선 기차간의 옛 모습을 떠올린다
손 닿을 듯 가까이 보이는 잔상이지만
뒤안길에 남는 것이 그리움이다.

한참을 멍하니 창밖을 주시하다
가슴에 꾹꾹 눌러 담는 아름다운 추억 하나
이름 모를 들꽃처럼 스멀스멀 피어오르는 그리움으로
오늘도 가슴을 채우고
분주했던 하루를 건너간다.

바다 건너에서

바다를 건넜다.

바쁜 하루에 외로움은 말라 있었고
대화는 말보다 몸동작이 앞섰다

고향을 향한 그리움의 밤은
길기만 하고
보내지도 못하는 편지를 적어
고이 접어 눈물에 적셔 서랍 속에 넣는다

지도 속의 고향은 조그마하지만
가슴속 고향은 지도 전체를 품는다
그곳에 그려진 국경선은
선이 아니라 벽이었다

나는 그 담벼락에 작은 꽃을 심었고
이제 꽃들이 자라 삶의 정원을 이루고 있다

고단했지만 참으로 아름다운 추억이다.

기억의 세월

기억이 비켜가는 자리마다
그대의 입김이 내려앉는다
마지막 눈빛을 품은 노을이 가벼운 깃털 되어
흩어졌다 모이기를 반복할 때
긴 여정의 시간은 망각의 그때를 가리키며
어둠 속으로 사라진다
이제 가슴속에 새겨 놓은 당신의 이름을
지워야 할 다가오는 운명 앞에서
손끝에 남아있는 온기로 아픈 흠집을 내서라도
기억의 세월을 이어 가리라 맹세해 본다

사랑의 기억은 사라지지 않으리라
오래오래 가만히 자라서 아픔으로 남아있을 뿐이다
흘러간 시간들을 뒤돌아보며
그대의 이름을 불러본다
언제나 대답 없는 당신이지만
내 아픈 가슴안에서 꽃잎 되어

조용히 자리하고 있는데
또 계절은 바뀌고 있다.

회상의 강

어둠이 깊이를 더해갈 때
요란스런 물소리가 감정선을 자극한다
말이나 몸짓보다
눈빛으로 나누던 날들
무언의 침묵도
우리를 따뜻하게 만들었다

아름다운 추억은 물아래 조약돌처럼
형체는 물결의 방해로 흐릿하지만
변하지 않는 회상의 색깔은
가슴에 남아있다

너의 마지막 젖은 눈물 하나가
흐르는 물결에 스치며 스며들던 순간
우리는 건너서는 안되는 강을 건넜고
기억 속의 닻을 내려야 했다

세월은 기약 없이 흘러가고

강물은 제 골을 찾아 흐르지만
기억의 물살은 마음 한구석
예전 그 자리를 맴돌고 있다

언제가처럼 강가에 서서
노란 수선화를 보며
추억 속의 한 페이지를 넘긴다.

-노란 수선화 꽃말: 사랑과 희망

눈 내리는 저녁

세상이 하얗게 변했다
백지장처럼 가벼운 마음에
동그라미가 그려진다

하얀 세상 속
그대가 내게 다가올 때,
눈 위에 남는 발자국이 얼마나 예쁜지
그때 처음 알았다
이야기가 필요하지 않았다
스쳐 가는 눈빛 하나가
온 겨울을 따뜻하게 만들었고
세상이 조용해야 아름다운 이유를
그때 배웠다

퇴근길 차창밖에 여전히 눈이 내린다
짧은 마주침을 떠올리며
창을 조금 열어본다

창틀 사이로 스치는 바람에 혼잣말을 걸어본다

"참, 예나 지금이나 눈은 아름다워!"

소안笑顔이 머무는 자리

빛바랜 커튼 사이의 조망에
추억이 한 줄기 빛이 되어
마음을 파고든다.

떠도는 바람처럼 머물다 가는 잔영이지만
당신의 미소는 내 마음을 포근히 감싸주며
찰나의 미움도,
슬픔도,
안타까움도 가던 길을 멈추게 한다.

기억 속, 당신의 미소가
삶의 작은 온기가 되어 나를 다시 걷게 했듯이
따뜻함과 희망의 불씨가 되어
살아가는 이유를 찾게 만든다.

잊지 않으리라
당신의 미소가 나의 미소가 되는 날이 속히 다가와
환희의 등불 되어 지쳐 있는 영혼들의 안식처가 될 수 있기를 두 손 모아 소망해 본다.

참으로 감사하다.

침묵의 노래

한적한 벤치에 앉아
잊혀져 가는 기억들을 가만히 들춰본다.
소리 없는 추억이 심연을 파고든다.

침묵의 무관심이 첫사랑이라는 다른 이름으로
노래가 되어 흐른다.

힘들어할 때 말 없이 옆에 앉아
같은 방향을 바라보던 그 사람,
속삭임처럼 천천히
노래보다 조용하게
당신의 침묵은 생채기를 치유하고
마음을 감싸며 자리를 지켰다.

힘들어 끝내 전하지 못하는 말들이
침묵의 노래 속에서 흐르고 있다.

나는 지금도 들린다

내 안에서
그리고 그대의 모습에서….

향기

사라져 흔적조차 없는 기억의 방에
익숙한 향기가 스쳐간다

향기는 기억보다 오래 남는다
손으로 잡을 수는 없지만
마음을 통해 두드린다

말보다 빠르게 슬픔보다 더 깊게
사소한 것들이 당신을 다시 불러오고
지나간 사랑을 되살린다

당신의 향기는 삶의 위로이며
하루를 견디게 하는 자양분이다

추억이 사라지는 것이 전부는 아니다
향기는 남아있는 곳에
오래오래 머물고 싶어 할 뿐이다

오늘도 당신의 향기로 하루의 매듭을 푼다.

제4장

자연이 주는 위로

자연을 통해 삶을 배운다
가장 따뜻한 위로는 말 없는 존재로부터 온다
이 장은 자연이 우리에게 건네는 위로의 이야기이다

윤슬 후

호숫가에 시간이 떨어지며
작은 파문을 남긴다

바람이 햇빛을 부수어
반짝이는 별천지를 이루네

잔물결이 고단한 삶의 위로를
조용히 건네는 시간

호수 위의 별들은 어느새 하늘에 올라
긴 여행 떠나는 방랑자의 길잡이가 되어주네.

춘설 春雪

산수유, 진달래 벌써 봄을 알렸건만 뒤늦은 삼월 흰 눈이 흩날린다.
가지 끝 매달려 방황하는 추위가 하얗게 한숨을 내쉬는 아침, 봄의 전령사들이 첫걸음으로 스며들 때, 조용한 경계에 피지 못한 꽃처럼 흰 송이가 내린다.
차가운 듯 따스하고 스치는 듯 머물러 있는 솜사탕 같은 눈송이 하나가 내 마음에도 사뿐히 내려앉는다.
따스한 햇살에 속살을 보이며 녹아가는 찰나에 참으로 귀하고 아름다워
잠시, 그 사라짐을 우두커니 바라본다.
늦은 눈에 천지가 덮이는 것을 보니, 올해도 좋은 일들이 많으려나 보다.

일출

세상 어둠을 깨우는 붉은 초트림이
사방으로 번진다

어둠의 그림자 뒤로 장엄한 광명의 밝은 빛
더하는 찰나의 순간,
초시의 빛바랜 긴 여운의 그림자 뒤로한 채
크게 더 크게 타오르거라~
잠든 자들이여 이제 깨어나라
소리치며 불타오르거라~

오늘이
밝은 오늘이 시작된다
더 밝은 오늘이 시작된다.

필목

때 이른 춘풍은
매서움으로 기세를 펼치는데
겨우내 지켜온 가지 끝에
새하얀 붓 봉오리가
조심스레 삐쭉인다.
아직은 낯선 바람에
꽃잎 펼치지 않는 이유는
따스한 봄 햇살을 연모하기에
숨기고 움츠리고
기다리나 보다
세상만사 피기 전이
귀하고 아름답다 하지 않았는가
그래,
당신의 고운 자태에 마음속에 봄이 가득 찬다.

해안선

하이얀 속살을 내놓은 모래톱에
바다의 푸르름이 같이 하자며
연이어 구애를 한다
되풀이되는 그의 뒷자리에
지쳐가는 세상의 번뇌가
또 하나의 물거품이 되어 잠시 머물게 한다

어디가 시작이고 어디가 끝인지 모르지만
햇살이 친구 되어
대화를 시작하는 그 경계선에
흰 거품 되어 사라지는 발자국만이
요란했던 과거의 진혼곡으로
조용히 미끄럼을 탄다.

배꽃 (별내 행진곡)

봄바람이 입술을 삐쭉이더니
4월 춘설이 심술을 부리며
옷깃을 여미게 할 즈음,
별내 배 밭에는 여름의 과실을 기약하는
배꽃이 꽃망울을 터트린다
다가올 달콤함을 위해
춘설의 매서움이
꽃잎을 매몰차게 흔들어도
방긋방긋 웃을 수 있는 것은
영광의 목마름이 크기 때문이리라

아~ 우리는 함께 하리라
영광을 헤아릴 당신과 나를 위해
멋 나게 활짝 피어 활개 쳐 보리라.

불암산

묵직한 바위마다 태고의 시간이 자리 잡고
그 위에 자리 튼 나지막한 소나무는
기교를 부리며 매달려 있네

골짜기마다 채우는 이름 모를 산새 소리에
세상의 번뇌는 멀어지고 고요함만이
가득함으로 지친 마음을 채울 때,
어느덧 산등성에 불그레한 빛 사방으로 퍼지며
하루의 끝자락이 노을로 사방을 덮네

오랜 기다림이었을까?
발끝에 차이는 돌부리에
고요했던 잠든 영혼을
희미한 등불로 길 안내를 시작하며 나를 깨우는
불암산,
너는 이유 없이 뜻도 없이 나의 길을 가르쳐주네.

촉우促雨

회색 기억이 망각 되어
희미함으로 계절의 틈새를 지우는 촉우가 내린다.

창가의 꽃잎은 선을 넘어 조용히 사라지고
촉우가 그어준 선위를 마지막 봄의 속삭임과
여름의 전령 사이에서 지우개가 되어
시간의 초록빛 물감이 되어 대지를 적신다.

싹들은 촉우의 입맞춤에
잠깐 머물다 사라지는 연인을 만난 듯
푸른 날갯짓 하다 이내 새초롬하게 토라진다.

우산을 접고 촉우를 맞이해 본다
요란스럽게 다가올 새 계절 맞을 준비를 한다.

*촉우: 계절을 재촉하는 비

민들레 홀씨 되어

아침부터 샛바람이
길 떠나기를 재촉한다
기다리는 사람도
약속도 없지만
슬픈 바람 속의 이별가가 되어
한때의 노란 환희에서 회색빛 떠돌이처럼
크고 작은 몸놀림으로
가벼운 티끌 되어 유희를 펼친다.

흩어지는 홀씨 하나가
새로운 시작을 기약하고
세상을 다시 일깨우는
희망찬 봄의 찬가이건만
공허한 세상과 채워지지 않는 여운의 삶에
민들레 홀씨는 슬픈 노래를 부르며
하늘을 방황하며 떠돌아다닌다.

어디에 나의 쉼터가 있을까

쪽빛 햇살 머무는
누구의 시선도 머물지 않는
틈바구니에 조용히 내려앉는다.

나는 꿈이 있어요
흩어져 사라짐이 아니라
당신의 첫 봄이 되고 파
이제 먼 여정을 이어 갈려고 해요
기꺼이 기어이
훗날 우리 노란 웃음이 되어 다시 만나요.

낙엽

겨울을 재촉하는 세찬 바람에
화려했던 지난날의
푸르름을 뒤로한 채
마지막 흙으로 돌아가기 위해
갈색 양복을 차려입고
쓸쓸한 걸음을 내딛는다

그는 알고 있다
살아간다는 것은
자신은 언젠가 조용히
바람을 의지하고
슬픔의 뒤안길로 사라진다는 것을…

한때 계절을 다 품었고
뜨거운 햇살의 향연도 벌였지만
마지막 순간 자신을 내려놓는
불안한 몸놀림이 안쓰럽지 않은 것은
누구도 알아주지 않아도

자신의 빛을 다 태우고 떠나는
품위가 있기 때문이다

이제 소리 없이,
천천히,
혼자만의 길을 가야 한다

"왜 낙엽에서 내 모습이 보이지?"

바람이 머무는 곳

문풍지 사이로 스며드는 바람에
문득 기억 속의 묵혀두었던
추억들을 꺼내어 본다.

아물었던 생채기가 덧나듯
닫아 두었던 아픈 마음을
열어젖힌다.

나뭇가지가 흔들리고
창틀이 요란함을 더할수록
아픈 생채기인
당신 모습을 떠올린다.

세월은 흘러가지만
당신을 향한 기억의 달력은
그때 이후로 넘기지 못하고 있다.

당신이 사라진 자리에

머물던 여운은
바람 속에 살아 숨쉬고 있다.

이제야 이해할 것 같다
아픈 추억은 멈추는 것이 아니라
유유히 흐르는 강물 같은 것을……

텅 빈 창을 열고 바람에게 묻는다
"언제쯤 그대의 흔적을 지워낼 수 있을까?"

노을

한낮의 요란스러움이
잠재워지고
잦아드는 바람은
말수를 줄이더니
가쁜 숨을 고르며 둥지를 찾아
마지막 날갯짓 하는
새들을 도와준다.

햇살이 옷자락을 걷어 올려
슬며시 경계를 넘어가고,
구름은 붉은 물감을 머금으며
색으로 남은 하루를 마무리할 즈음
노을은 찰나의 시간을
물들이며
명암의 경계선을 넘는
친구와 이별을 준비 한다.

이 순간은

어둠과 함께 사라지는 것이 아니라
내일의 새로움을 준비하는
숭고한 시간들이다.

저 붉은 용트림은
천지간 사라지지 않으려는 빛이
하늘을 품에 안는 기도이며
뜻을 고백하는 시간이다.

어둠이 내린다
노을이 하루를 품는 것처럼
내 마음도
천천히 물들고 있다.

여백의 미

침묵이 비어 있는 공간에
고요함으로 스며든다
그 빈 자리에
무언의 대화가 이어지고
백치의 춤사위가
깊어지는 공간을 가득 채운다

망상의 나래는
휘몰아치는 폭풍이 되어
감정의 골을 비워버리고
적막과 평화가
가만히 자리를 잡는다

길가에 서성이던 상상의 나래가
날개깃을 접을 즈음
분홍빛 철쭉이 꽃봉오리를 펼치고
훈풍이 설레는 호숫가에
잔물결을 일으킨다

이제야 찰나에서 게워 내는

비움의 미학을

가득함 뒤의 오는 부족을 깨우친다

제5장

일상과 철학

삶은 거창한 철학보다 평범한 하루 속에서 피어나는 통찰이다.
이 장은 일상에서 깨달음을 담아낸 인생철학이다.

개똥철학

무엇이 인생이냐고?
삶의 기준을 셈하기에는 배운 논리는 없지만, 세상 이치는 대충 읊조릴 줄 안다.

길가의 잡초도 제철을 알고 하늘의 새도 바람에 몸을 맡길 줄 알 거늘, 인간사 한 걸음 한 걸음이 뜻 모를 세움 이기에 큰 진리는 몰라도 작은 행복은 이제야 알 듯하다.
배부르고 무엇이 부러우랴, 근거 없는 자신감에 뒤늦은 사또 행세를 꿈꿔 보지만, 어차피 마지막 가는 길은 다 같다기에
내 방식의 철학이 개똥이 되더라도 나에겐 무엇보다 소중하고 행복한 나래이다.

개똥철학이여, 나의 삶에 영원하라.

선구자

휑한 대로 밟기 싫어
이슬 머금은 샛길이 있어 들어서니
거친 돌부리와
짙은 안개가 앞길을 가로막네.

미지의 저항에 당황도 해 보지만
조그만 의지의 등불 켜 들고 외로움 달래며
한발 한발 나아가니
외로움이 용기가 되어 두려움 이겨내고
마음의 작은 불씨가 큰 불꽃이 되어
어두운 앞길 환히 밝게 비춰주네.

복권 예찬

시장 골목을 들어서는 순간
마음은 희망의 나래를 타고 하늘을 난다
붕어빵가게 옆 복권방엔 사뭇 진지한 사람들이
인생의 로망을 담은 채 열심으로 동그라미를 쳐댄다
그래, 인생은 한방이지
천원 한장에 이번에도 인생을 걸었다
하지만…
혹시나 하는 짧은 한 주간의 설렘은
귀한 손님 되어 왔다 사라지기를
수십 번 되풀이한다.
그만해야지……

오늘도 시장통 쪽으로 걸어간다
붕어빵 핑계로 복권을 손에 쥔다
난 아직 당첨되지 않았을 뿐이지
여전히 꿈을 지갑 속에 넣고 산다

아~ 1등이여…

노담(老談)

시장 골목을 들어서는 순간부터
소곤소곤 주고받는 마음들이
작은 웃음이 되어 개운산 둘레길을 흐른다
손주 자랑, 남편 흉보기, 시장 오른 야채값, 옆집 할멈
건강 얘기…
끝나지 않는 대화 속에 삶의 무게, 지혜, 따뜻함이
함께한다
"세상만사 별거 없다"며 말수가 줄어들 즈음,
남편 끼니 걱정에 홑바지 툴툴 털고 일어서는 뒤안길에
세상 걱정 다 안고 가는 안쓰러움보다 왠지 뿌듯한
자랑스러움이 묻어난다
당신들의 존재함은 우리 삶의 축복입니다
계단 길 오르내릴 때 조심조심하세요.

사색

대화하지 않는 혼잣말들
낯선 길을 방황하다
이름을 잊은 채 돌아왔다

앞에 길게 드리워진
그림자를 바라보며
다른 유희의 장소를 그려본다
마음은 고요히 흐르고
생각은 바람 위를 걷는다
순간 틈새의 손을 놓치자
나는 너에게 더 가까워졌다

언제부터였을까?
지나간 것이 아름답게 느껴지는 것은
덧없는 망상 속에서 피어나는
진실이 있기 때문이다

시간은 강물처럼 흐른다

오늘도 이곳에서
언젠가 너를 다시 만난다.

창가에 앉아

바쁜 하루가 창가 앞에 멈춰 선다
가로등 불빛이 하나 둘 불을 밝히고
앞산 등성이가 어둠에 잠기면
습관처럼 창가로 의자를 옮긴다.

무언가를 기다리는 것도 아니건만
잠드는 도시의 모습에
마음이 기울어진다.

망상 속의 혼자라는 외로움이 닥쳐와도
창밖 세상을 통해 외로움의 위로를 받으며
아무 생각 없이 세상을 바라보는
이 시간 통해 마음의 주름을 편다.

조용한 저녁이 가장 인간다운
시간이라는 것을 깨달으며
바지춤을 잡고 일어서는 순간

주방에서 아내가 한마디 한다.

"내 의자 제 자리에 놓고 가요!"

손때 묻은 공책

먼지가 내려앉은 손때 묻은
누런 공책 한 권이 책장 깊은 곳에 있다

첫 장을 넘기는 순간,
오래된 비밀이 들킨 양
입가에 작은 미소가 번진다

어디선가 옮겨 적은 문장들
어설프지만 다부진 다짐과
수줍은 듯 사랑이란 글자 위에
셀 수 없는 동그라미가 쳐져 있다

어느 것 하나 완벽하진 않지만
그 속에는 젊은 날의 체온이 있다
페이지를 넘길수록 잊고 지내던 이름들이
불쑥 나타나 가슴을 오래 붙잡는다

마지막 페이지,

아무것도 적지 않은 곳에
굵은 매직으로 사각 모양을 두 번 그려 놓았다
말 못 할 사연이 있었나 보다
조심스레 마지막 책장을 덮었다

추억은 닫히는 것이 아니고
가슴속에 다시 살아나는 것이기에
오늘 새로운 공책을 준비한다.

당산나무

바람이 머무는 곳 그 자리에
말없이 그대가 서 있다

세월의 맷돌에도
깎이지 않고
누가 알아주지 않아도
색동 띠 옷을 입고
마을을 지키고 서 있다
누군가 떠날 때도, 돌아올 때도
한결같이 두 팔 벌려 반겨
마음의 고향임을 알린다

장마철 거센 바람이 가지를 흔들어도
그는 쓰러지지 않았고
흔들릴 지은정
뿌리는 결코 내놓지 않았다

어린 시절에는

그 나무 아래에서 숨바꼭질했고
어른이 되고서는
그늘이 주는 위로에 기대앉았다

마을의 지킴이
그대가 있어 우리는 언제나
돌아올 것을 잃지 않는다.

멍석

콘크리트 담장 너머
멍석을 펼친다.

누군가 지친 발걸음 다독거리며
앉아 쉬어 가기를 침묵으로 초대해 보지만
소외된 도외지의 기다림이 고통으로 다가온다.

사람과 사람을 다정히 엮어주던
그리움의 자리를 우리는 기억한다.

세월이 흘러도 그리운 발길이 떠나도
언젠가는 다시 돌아오는 법을
수없이 알려 주었건만
망각의 세상사란 핑계로
휑한 시간의 부스러기만 멍석 위에 널려진다.

언젠가 단단하고 바탕이 있는 참한 나그네 오면
버선발로 나서며 자리 내어주려고

추억의 실오라기 붙들고 광대춤 배우고 있네.

-답답한 정치판 생각하며

공허한 축제

일상의 무게가 어깨를 짓누른다.

잡았던 몽땅 연필을 내려놓고
종이 등 아래 멈추어 선 채
낯선 이와 어깨를
맞대는 상상을 한다.

격정도, 이름도 없는
순간의 축제가 이루어진다.

오래전 담아 두었던
약속의 작은 잔에서,
당신과 함께 걸었던 거리,
같이 들었던 노랫소리,
모든 것이 다시 마음을 울리는 이 밤,
그 속에서 조용히 당신을 찾는다.

공허한 그리움의 축제를

기다리는 마음으로
당신을 헤아려 보는 시간들이다.

늘 그리움은 스산한 바람과 같이
조용히 스며든다.

축제의 불꽃이 꺼지고
잔영이 뇌리를 떠나도
당신이 돌아올 것 같은
아름다운 망상에
슬픈 축제의 시간은
허한 그리움 속에 잔잔히 지고 있다.

제6장

학문과 존재의 질문

질문은 나를 흔들고,
학문은 그 흔들림 속에서 중심을 잡게 한다.
이 장은 배움과 사유思惟 속에서 길을 찾고자 했던 시간이다.

학문의 탑을 오르며

도서관 창 사이로
교정의 가로등 불빛 한줄기가 스며든다
순간 어둠 속 가로막혀 있던
의문의 벽이 하나 무너지며
묻혀 있던 문장이 일깨워지고
학문의 탑 위에 또 다른 나를 세운다
외롭고, 고독하고, 더딘 현실 속에서
오히려 스스로에게 가까워지고
포기하지 않는 노력과 땀으로 탑의 높이를 더해간다
오늘도 무너질 듯 휘청대는 밤을 딛고
의심과 피로의 돌무더기를 오른다
쉽게 얻은 깨달음과 지식은
모래성이 되어 무너질 것이다
포기란 단어는 사전에서 지운 지 오래
다시 일어서고 또 일어선다
남몰래 삼킨 자책과 한숨,
때로는 멈추고 싶을 때도 있지만
학문은 삶이며 나는 진정한 불굴의 승리자가 될 것이다

오늘도 나를 깊이 안아주며 위로한다.

"괜찮아, 참 잘하고 있어."

한 줄의 진리

아침 햇살의 따스함 같이
책등이 환하게 반긴다

적막한 강의실
하지만 내 안은
수많은 의문의 출렁이는 파문으로
가득 차 넘치고 있다
책장을 한 장, 한 장 넘길 때마다
오래된 지식의 문장들이
마음을 두드린다
어떤 이는 한 여름 계곡물처럼
시원하게 찾아 들고,
어떤 이는 겨울 화롯가 모닥불처럼
따스함으로 파고든다

진리는 먼 곳에 있지 않다
책장 속 누군가 적은
한 줄의 문장으로부터

오랜 친구처럼 다가온다
나는 빛처럼 다가올
맑은 친구를 기다리며
조심스레 미지의 길을 걷는다

언제나 첫눈처럼 소담스럽고
천사처럼 미소 지으며 찾아올 친구를 위해
기꺼이 무릎을 내어놓고
손 벌려 깊이 안아 주리라

오늘도 한 줄의 진리를 위해
어둠이 내리는 자리에 앉아
옷매무새를 고친다.

귀무가설 歸無假說

'차이가 없다'
침묵 속에서 나를 찾아야 한다
차이를 부정하며
평범함 뒤에 이어지는
언약의 벽을 넘어야 하기에
이름 없는 무인도에서
가능성의 돛을 띄워야 한다

귀무의 숲을 지나
폭풍의 뱃길을 나서야 한다

당신의 눈빛에서
떨림의 미학을 배우듯
특별함의 환상에서 깨어나
존재의 의미를 깨우쳐야 하고
스쳐 가는 바람에 묻어 나는 향기에서
다른 가설을 찾아야 한다

하지만, 이내 고개를 끄덕이며
그대도 나도 다르지 않음을 수긍한다

차라리 모든 차이를 지우고
홀가분한 마음에 자유를 만끽하고 싶다

서쪽 하늘 회색빛 구름이
내 삶을, 내 존재를 아는 듯
유유자적 바람 가는 곳으로 동행 되어 흐르고 있다.

바람의 침묵(스승의 길)

소리 없는 거친 바람이 옷깃을 여미게 한다
그때 우리들은 그림자도 피해 다닌
당신의 우뚝 선 나무 그늘아래에서
꿈을 꾸었고 바람을 배웠다.

하지만, 하늘 같은 권위는
자책과 조롱으로
뜻깊은 가르침은
상실감과 외면으로 바뀌고
어깨를 짓누르는 선생님의 한숨은
방향 잃은 영이 되어
텅 빈듯한 교실 위를 떠돌아다닌다.

아~ 참으로 한탄스럽다.
변해버린 세상 누구를 탓하랴만은
당신의 부단한 손길만이
세상을 여는 열쇠입니다.

곧 당신의 한숨과 침묵의 가르침이
새벽안개의 이슬처럼
고요히 세상을 적시는 손길이 되어
세상을 바르게 세우는 미래의
기둥이 될 날이 도래할 것입니다
스승이여,
고단하지만 영원한 버팀목이 되어주세요
그림자로,
그리고 한없는 사랑으로 그날이 올 때까지······.

나의 이름으로 쓰는 이론

책상 앞에서 묻는다.

"나의 존재는 무엇일까?"

셀 수 없는 공식과
정의되지 못한 변수들이
책장에 쌓여 있지만 풀기 어려운 방정식은
'나'라는 이름의 의미이다.

참고 문헌은 세상에 널려 있지만
정작 필요한 한 줄을 찾지 못하고
가설을 찾아내지만 세상은
결코 증명해 주지 않는다.

아무리 종용해도
길들여 지지 않는 세월,
사방에 어지럽게
흩어진 감정의 궤도,

돌이킬 수 없는
선택의 미분들,
공식을 지워가며 하나의 이론을
세워 보려 하지만
착오의 오차만 남기고 만다.

나를 정의하는 이론은
재주로 쓰는 것이 아니라
의지와 견딤의 기록임을
마음 판에 새기며 두꺼운 책장을 펼친다.

질문하는 자

진리를 탐구하는 눈빛들이 매섭다
하지만 입술은
꿀 먹은 벙어리마냥 닫혀 있다

질문은 무지를 드러내는 것이 아니라
학문의 깊이를 파는 것이다
그 울림이
지식의 공간에 더해질 때
새로운 나를 발견하는 것이다

배우는 자들아!
지식을 나누는 시간보다
물음을 나누는 게
더욱 귀하다
가르치는 자의 신명은
메아리 되어 오는 질문에
어깨춤을 춘다

부끄러워하지 마라
주저하지 마라
질문하는 자가 되기까지
무수히 넘어졌지만,
질문이 나를 일으켰고
두려움에 맞서게 했으며
진리를 앞세우는
첫 행진의 자리에 서게 했다

배움의 길목을 물음의 나팔을 불며
축제의 장으로 만들어 보자

학문 앞에 무릎을 꿇다

학문이라는 존재 앞에 오늘도 무너진다
고개를 숙이고 스스로를 내려놓아야
일어설 수 있기에
옷매무시를 단정히 하고 그를 마주한다

사유의 자존심을 버리고
존재의 맨발로 굴복한다

이제야 배움이 시작된다

의문의 답을 찾기 위해 존재하기보다
무지로 시작되는 본질의 통로를 통과해야 하기에
학문의 바다 밑바닥에 나 스스로를 가라앉힌다

얕은 지식이 아닌 앎의 빈자리를 처음으로 이해하기에
나의 고집과 무지가 논리의 침묵 앞에 멈추어 선다
깊이를 가늠하는 잣대의 교만함이
넓이를 측정하는 줄자의 황망함이

학문의 웅장함에 허리를 조아린다

"참, 어렵다."

제7장

이별과 여운

이별이라 생각했던 슬픔의 순간이,
영원한 그리움의 시작이기도 하다.
이 장은 남겨진 이의 사랑과 잊혀지지 않는 존재의 흔적을 그린다.

조국

먼 곳에서 나를 부른다
부름을 받아 다시 돌아가리라
셀 수도 없이 되뇌시면서도
오랜 시간 길을 떠나지 못했다
젊은 날 푸른 들판을 노닐며 남겼던
발자국은 그 땅 어디에서
울고 있으리라.

조국은
날을 바꿔가며 가야 하는 거리에 있지만
마음은 십리 앞 개울 건너 마을에 가까이 있다
오늘도 동쪽 하늘을 바라본다
쓰라린 상처 품에 부여안고
다가올 봄날을 준비하는
숙명의 이름 '조국'

오늘도 설레는 이름 위에

'그리움' 세 글자를 새긴다.

-중미 니카라과에서 고국을 그리며

이별

'가지 마…'
이별은 말이 없었다
모든 것이 무너졌고 가슴은 메어졌다
'아프지 말고
행복하게 잘 지내…'
세상은 순간을 삼키듯 조용했고
다시는 올 수 없는 길을 인사도 없이
떠나는 무정함으로 당신은 걸었다

그 눈빛 그 숨결 잊지 않으리라

그리고
이별은 헤어짐이 아니라
남겨 짐이라는 것을
이제야 깨닫는다.

슬픔의 무게

슬픔의 눈물이 말라
가슴속 깊은 곳에
무거운 무게로
침묵으로 짓누른다

미소 뒤에 숨은 어두운 그림자
손짓으로 부르면
어깨가 무너질까 봐
조용히 접어둔 긴 밤의 연속이다

당신이 내 곁에 있었다는 사실이
위로가 되고
당신이 키운 꽃들이 있기에
무거움을 견디며
나는 조금씩 단단해져 왔다

슬픔은 이제 크지 않다
다만 잊혀져 간다는 것이 슬플 뿐이다.

새벽을 연다

세찬 바람 등을 몰아치고
창밖의 어둠은 마음의 벽과 맞 닿아 있다.

그때 멀리 지평선에서
젖어오는 빛 한줄기에
새벽은 어떤 소리보다
조용히 나를 깨운다.

삶이 다시 시작되는 순간
말없이 커튼을 걷어붙이고
힘차게 새벽의 노래를 부른다
밑바닥 낮은 곳에서
울려 퍼지는 생명의 합창이다
그 노래는 누구도 알지 못하지만
모두가 그 속에 살아있다.

희망은 거창한 것이 아니다
숨결이 살아 숨쉬는 자신을

힘차게 여는 시간이다.
오늘 하루의 뿌릴 씨앗을 품고
대지로 나아가 자신을 크게 열자.

간이역

완행열차의 덜컹거림과
늘어지는 기적소리의 장단에
추억이 스쳐 지나간다.

빛 바랜 정거장 간판 흔들림 속에
느림보 열차는
역사 속으로 멀어지지만
긴 여운으로 마음에 오래도록 머무른다.

승객 없는 작은 대합실,
모퉁이에 깃든
젊은 날의 통기타 낭만은 사라졌지만
오늘도 이곳에서 멈추지 않는 마음으로
당신을 기다린다
이제 녹슨 철길은 외길이 되어 달리고
추억 속 기억의 열차는

저 먼 곳 반대편에서 내 마음으로 달려오고 있다.

참, 좋았던 시절이었다.

부재

당신의 존재는 떠난 다음에
그 무게를 알게 되었다

당신이 없다는 사실에
모든 게 낯설게 느껴진다

부재는 텅 빈 것이 아니라
채움을 확인하는
하나의 방식임을 이제야 안다

아무도 자리에 없다는 건
정말로 아무것도 없다는 사실이 아니다
당신의 의자는 온기를 가지고 있고
투명한 커피잔엔 커피가 남아있으며
창문은 여느 때처럼 바람을 맞아 덜컹거리고 있다

당신의 부재는
존재보다 더 큰 의미로 방안을 울린다

한숨이 난다

"꼭 사랑의 증명을 이렇게 해야만 하나…"

산수유

며칠째 산까치 울어대더니
아파트 담벼락
시샘하는 손시럽이 안쓰러운지
새싹 잎보다 먼저
노오란 꽃망울로
전령이 되어 봄을 재촉한다

너를 보는 마음으로
시류를 보기에는
아직도 얼어붙은 동토만 보이기에
네가 너무 일찍 꽃망울을 피웠다고
탓하고 싶지만,
엇박자 난 세상을
먼저 탓하는 것이 이치이기에
덧없는 동행 길이 아쉬움만 남는다.

작품을 마무리하며…

삶의 긴 여행길에서 문득 뒤를 돌아봅니다.
아쉬웠던 순간들, 가슴에 남은 이름들, 따뜻한 눈빛 하나하나가 곡조가 되어 제 곁에 머무르고 있습니다.
이 시들은 대단한 언어로 쓰인 것이 아닙니다.
다만, 흔들리며 살아가는 한 사람의 마음이 삶이라는 무대 위에서 작은 노래로 남기고 싶었던 기록입니다.
누군가의 발걸음 옆에 조용히 머물며, 눈을 감고 마음을 나누는 친구처럼
이 시들이 작게나마 위로가 되길 바랍니다.
오늘도 인생길 위에서 마음을 흘리고 있습니다.

2025년 여름, 박창민

작품 해설

| 작품 해설 |

가슴에 하나쯤 품고 사는 시들의 기도

최창일(이미지 문학평론가)

　인간의 역사를 더 나은 방향으로 제시해 주는 것이 시다. 난해하고 괴팍한 시들이 판을 치는 시류다. 쉽지만 사람의 여유로운 태도가 보이는 시를 읽는 것도 즐거운 일이다. 첫 시집을 펴내는 박창민 시인이 사물의 겉모습이 아니라 존재의 본질을 향한 끊임없는 질문과 응시해 가는 모습을 만나본다. 시인은 꽃을 보고도 '아, 아름답다'라고 감탄에 머무르지 않고, 그 꽃이 존재하게 된 까닭, 그 안에 숨어 있는 시간의 비밀, 영원의 흔적을 읽어내려 한다. "시는 말이 되기 전의 말이며, 말 너머의 말이다."라는 (폴 발레리) 시를 이해하는 시인이다. 언어 이전의 감각, 기억, 침묵을 끌어와 인간 존재의 심층 구조를 언어화한다. 시는 인간의 고통을 외면하지 않는다. 오히려 고통과 상처, 부서진 기억, 부끄러운 역사조차도 시 속에 품어 내려 한다. 이때 시는 치유의 도구이자 저항의 기록으로 작용한다.

"시는 흘린 피를 언어로 적시는 일이다."(로르카)도 품고 있는 듯하다. 전쟁, 사랑의 상실, 시대의 억압 속에서 시는 눈물 젖은 한숨을 의미로 건져 올려, 고통을 공동의 체험으로 승화시켰다. 단순한 감성의 발로가 아니다. 묵상과 침묵의 예술이며, 영혼의 기도다. 특히 시를 통해 인간은 눈에 보이지 않는 세계, 곧 영원, 신, 죽음, 시간, 구원과 같은 형이상학적 주제에 다가간다. "시는 그 자체로 하나의 예배다."라는 (T.S. 엘리엇)의 분위기도 들어 있다. 시는 무릎을 꿇은 언어다. 인간이 스스로 낮추어 '말이 닿지 않는 곳'을 향해 손을 뻗는 형식이다. 일상의 언어와 사물을 낯설게 만드는 힘을 가지기도 한다. 우리가 너무 익숙해져 잊어버린 것들, 아침의 햇살, 늦은 오후의 그림자, 빗방울 소리, 사람의 손길, 시 속에서는 다시 살아나며, 존재의 기적을 느끼게 한다. "시는 익숙한 세계를 처음 보는 눈으로 바라보게 한다."라는(브레히트) 말처럼 미학적 반전을 통해 시는 감각을 깨우고, 인간을 무감각한 소비와 자동화된 삶에서 깨어나게 한다.

회사 같으면 정년이 된 나이에 시단에 발을 붙인 박창민 시인이다. 경륜 탓인지 시는 때로 개인의 정서를 넘어, 시대를 꿰뚫는 예언자의 목소리가 되기도 한다. 정치적 불화, 사회의 굴절된 모습, 인간성의 상실을 앞서 감지하고, 언어로 경고하며 공동체를 향해 나팔을 부는 것과 같다. "시인은 시대의 양심이다." 시는 단순한 감상의 대상이 아니라, 진실을 말하는 용기의 언어, 그리고 미래를 미리 꿈꾸는 언어다.

궁극적으로 시는 인간이 말이 되신 로고스 앞에서, 말의 한계를 넘어서는 방식으로 진실, 아름다움, 선함을 고백하려는 몸짓이다. 존재의 슬픔과 기쁨, 시간과 영원의 진자眞慈 운동 속에서 탄생하는 언어들이다. 박창민 시인은 젊은 시절은 사업을 한다. 해외에서 창밖의 시간을 보냈다. 국내의 시선보다는 다양한 사람들의 새로운 양상을 보고 지냈다. 시는 인간의 경로다. 한국에 머무는 시인보다는 파도의 새로운 양상을 보아 왔다.

박창민의 시는 인간이 어떻게 살아야 하는가에 대한 해답을 직접 적으로 말하지 않는다. 그러나 시는 그 어떤 철학보다 깊고 섬세하게 삶의 방향과 깊이를 바꾸어 놓는다. 삶을 해석하는 새로운 눈을 주며, 존재와 관계를 대하는 태도를 변화시키고, 내면을 재구성할 수 있게 한다.『길 위에 흐르는 마음』의 첫 시집은 다양한 시선에서 출발한다.

현대인은 속도에 쫓기고, 성과에 지배당한 채 '살아내는 삶'보다 '버티는 삶'을 이어감을 본다. 이때 시는 인간의 삶에 브레이크를, 걷기도 한다. 한 행, 한 단어를 곱씹게 하고, 의미를 음미하게 한다. "시는 살아가는 속도를 줄여서 보게 하고 느끼게 하고 생각하게 만든다."

시를 통해 삶은 단순히 흘러가는 것이 아니라, 멈춰 서서 바라보아야 할 존재의 풍경이 되고 있다.

말할 수 없는 고통, 정체 모를 우울, 부서진 기억은 의학적 치료 이전이라 해도 좋을 것이다. 감정을 '그대로' 토해내는 것이 아니라, 고통을 정제된 언어의 질서 속에 위치시킴으로써 고통을 견디고 의미화할 수 있다. "말할 수 없는 것을 시는 묵상의 언어로 말하게 한다."

삶이 바스러질 듯 힘겨울 때, 시는 조용히 곁에 앉아 속삭이는 모습이다. "괜찮다, 너는 아직 느끼고 있다는 증거다."

시는 자기 삶의 바깥을 이야기하는 것이 아니라, 자기 안의 소리를 듣게 만든다. 시를 읽을 때 우리는 종종 "이건 나의 이야기다"라고 느끼게 된다. 시인은 낯선 타자이지만, 그 말은 독자의 내면과 비밀스러운 공명을 일으키고 있다. "시는 자기 자신과의 진실한 대화를 열게 한다." 그리하여 시는 자기 이해의 도구, 영혼의 거울, 내면 성찰의 촉매가 되어 삶을 보다 진실하게 살아가게 한다.

나만의 감정에 갇힌 사람을 타인의 세계로 이끈다. 타자의 고통, 사회의 모순, 자연의 침묵을 노래하는 시를 통해 우리는 '나 아닌 것들'과의 연결성을 회복하게 된다. "시는 타자의 눈으로 세계를 다시 보게 한다."라는 말이 있다.

시를 읽은 사람은 바람 한 줄기, 나무 그림자, 아이의 눈빛을 무심히 지나치지 않는다. 그것은 곧 인간성과 공동체성의 회복이다.

박창민의 시에는 경건한 태도가 스며 있다. 대상에 대해 함부로 말하지 않고, 언어를 조심스럽게 다듬으며, 침묵과 여백을 존중한다. 이런 시는 시의 산을 넘어, 삶 전체에 영향을 미치는 법이다.

"시는 인간을 더 조용하게, 더 겸손하게, 더 진실하게 만든다."
삶에 형이상학적 무게를 부여한다. 시간의 흐름 속에 영원의 감각을 회복하게 한다. 삶을 더 깊고, 더 맑고, 더 조용하게 살아가게 만든다. 삶에 주는 영향은 즉각적이지 않다. 그러나 그것은 삶의 방향을 바꾸는 미세한 조정타워 같다. 존재를 다시 정렬하는 영혼 성이다. 삶을 더 깊이 느끼고, 더 온전히 사랑하고, 더 신중히 말하고, 더 성실히 존재하게 만드는 사람의 이야길 말한다. 이제 박창민 시인이 품고 있었던 시향詩向으로 걸어가 본다.

　　귓가에 스치어는 이름 모를 속삭임에
　　고개 돌려 대답하려 하니
　　세찬 바람이 지나간 세월의 기억들
　　내 귓전에 내려놓고 가네.

　　참으로 매서웠지….

아픔과 회한으로 가득한 긴 세월이었지만
그 세월 후회되지 않는 것은
아직도 사랑하는 이들이
내 곁을 떠나지 않고 지켜주고 있기 때문이다

오늘도 감사하는 마음 이어 붙여
인생 짜깁기를 해본다.

— 〈여정〉 전문

바람처럼 스쳐 간 세월을 돌아보며, 그 안에 남겨진 아픔과 회한, 사랑이라는 빛을 발견해가는 과정을 담고 있다.
"귓가에 스치어는 이름 모를 속삭임"에 반응하며, 고개를 돌려 대답하려는 순간을 그린다. 순간, 맞이하게 되는 것은 세찬 바람처럼 지나가 버린 기억들의 무게다. 마치 우리 인생의 어느 순간, 문득 들려오는 기억의 목소리에 멈춰 서게 되는 내면의 순간을 섬세하게 포착하고 있다. "참으로 매서웠지…"라는 고백은 그동안의 시간이 절대 순탄하지 않았음을 솔직히 드러낸다. 고통의 여정 속에서도 화자는 후회하지 않는 이유를 말한다. 그것은 바로 여전히 곁을 지켜주는 사랑하는 사람들을 그린다.
　이 부분은 시의 정서적 중심이자, 가장 큰 울림을 주는 대목이다. 시간이 아무리 모질고 상처를 남겼다 해도, 끝내 그 자리를 채우는 것은 사람에 대한 믿음과 사랑이다.

화자가 오늘도 "감사하는 마음 이어 붙여 / 인생 짜깁기를 해본다"라고 말한다. '짜깁기'라는 표현은 다소 투박하지만, 오히려 현실적인 삶의 질감을 그대로 보여준다. 이 삶은 결코 완벽하게 짜인 직물이 아니라, 상처와 기억, 감사와 사랑을 한 올 한 올 꿰어가며 엮어가는 여정임을 시인은 담담하게 말하고 있다.

우리 모두의 인생 역시 완성된 그림이 아니라, 여전히 짜이고 있는 천 조각 하나하나라는 것을. 그리고 그 천 위에 새겨지는 고마운 사람들의 흔적이야말로, 우리가 끝내 후회 없이 살아갈 수 있는 이유가 된다는 것을 그린다. '여정'은 단순한 회상의 시가 아니다. 그것은 지나온 시간을 끌어안고, 동행하는 이들에게 감사하며, 오늘의 삶을 다시 이어가겠다는 조용한 선언이다.

봄비가 촉촉이 대지를 적신다.
어머니의 묏등에도 내 마음에도 봄이 젖는다

어릴 적 엄마 배가 왜 그렇게 홀쭉하고 주름졌는지
그때는 몰랐다
엄마 손이 매듭지고 손톱이 닳아 없었는지
그때는 몰랐다
여섯 자식 배불리 먹이시며
언제나 배부르다며 손사래 치시던 이유를
그때는 몰랐다

아침이면 엄마 베갯잇이 젖어 있는 이유를
그때는 몰랐다.

배불리 먹여주고 공부하라며
먼 친척 집에 애써 웃음 지으며 보내지만
버스가 모퉁이 돌아설 때
미어지는 아픈 가슴 부둥켜안고 눈물 흘리셨던 모습을
그때는 몰랐다

이제 그 자식들 손자 보며 잘살고 있는데
바쁜 걸음으로 떠나셔야 했는지
어머니를 그렇게 보내서는 안 되었는데

하염없이 내리는 오월의 비
내 눈가에도 뜨거운 눈물이 빗물처럼 흘러내린다
이제야 나도 어른이 되어가는가 보다.
　　　　　　　　　　　　　 ─ 〈그때는 몰랐다〉 전문

마음 한구석이 먹먹해진다. 가슴 깊은 곳이 시큰거린다. 봄비처럼 조용히 내려앉은 시인의 언어는 어느새 마음을 적신다. 어머니의 무덤을 찾은 화자의 시선을 따라가다 보니, 삶 속 부모님의 모습이 떠올랐다. 누구나 그렇다.

어렸을 땐 알지 못했던 것들이 이제야 보인다. 주름진 배와 거칠어진 손, 새벽마다 젖어 있던 베갯잇. 모든 것들이 단순한 풍경이 아닌, 사랑과 희생의 증거로 되살아난다. 시인은 담담한 어조로 회상하지만, 감정의 깊이는 독자의 마음을 뜨겁게 흔든다.

"버스가 모퉁이 돌아설 때 / 미어지는 아픈 가슴 부둥켜안고"라는 구절은 오래도록 가슴에 남는다. 담담한 인사 뒤에 숨겨져 있던 부모님의 눈물과 아픔을 이제야 짐작하게 된다. 떠나는 자식은 웃지만, 남겨지는 부모는 그 웃음 뒤에서 조용히 눈물을 삼킨다. 순간을 우리는 너무 쉽게 지나쳤다. 시는 단지 한 사람의 개인적인 회상이 아니다. 부모와 자식이라는 보편적인 관계 안에서 우리가 얼마나 쉽게 사랑을 당연히 여기고, 또 얼마나 뒤늦게 깨닫는지를 일깨워준다. 바쁘다는 핑계로 잊고 지낸 부모님의 사랑이 시를 통해 다시금 떠오르고, 마음 한쪽에 깊이 새겨진다. "그때는 몰랐다." 이 짧은 문장 속에는 후회와 감사, 사랑이 모두 담겨 있다. 어린 시절에는 결코 이해할 수 없었던 그 조건 없는 사랑을 이제야 조금은 이해할 수 있을 것 같다. 시를 통해 부모님께 조금 더 가까이 다가가고, 삶을 다시 돌아보게 된다. 그리고 늦기 전에, 그 사랑에 답하고 싶어지게 하는 시의 건축이다.

모든 게 낯설게 느껴진다.
조급한 거리 풍경
익숙지 못한 이웃의 행동

답답함이 묻어 있는 도회지 공기
난 길 잃은 이방인이 된다.

해거름 집 집마다 굴뚝에서 피어나던 뽀얀 연기
부엌에서 들려오는 찌개 끓는 소리가 멈출 때면
어김없이 들려오던 어머니의 다정한 부름에
골목길 숨바꼭질, '무궁화꽃이 피었습니다' 놀이 그만하기
아쉬워할 때
부지깽이 손사래에 혼쭐나던 기억이
아련함으로 마음을 저린다.

뿌리를 옮겨도 고향의 향을 품는다는 '망향초'가 되고 싶다
그 냄새가, 그 저녁이, 그 따스함이 바람이 되어 내 마음을
흔든다
벌써 바람과 하나 되어 고향 하늘을 날고 있다.

― 〈망향초〉 전문

    도시의 낯선 풍경 속에서 문득 떠오르는 고향의 추억과 그리움을 섬세하게 그려낸 작품이다. 바쁘고 조급한 도시의 풍경, 익숙하지 않은 이웃, 답답한 공기 속에서 시인은 자신을 '길 잃은 이방인'이라 표현하며 현재의 삶에 대한 낯섦과 소외감을 드러낸다. 이러한 감정은 곧 고향의 따뜻한 풍경으로 이어진다. 굴뚝 연기,

찌개 끓는 소리, 어머니의 부름, 골목에서 놀던 어린 시절의 놀이까지, 시인은 단순한 풍경을 넘어서 감정과 온기를 느낄 수 있는 고향의 기억을 생생하게 떠올린다. 이러한 추억은 단순히 과거가 아니라, 지금의 나를 위로해 주는 소중한 뿌리이며 정체성임을 말해주고 있다. 특히 마지막 연에서는 '망향초'라는 식물을 통해, 시인은 아무리 멀리 떠나 있어도 고향의 향을 간직하고 싶다는 간절한 소망을 드러낸다. 고향의 따스함이 바람이 되어 시인의 마음을 흔들고, 결국 시인의 정신은 바람을 타고 고향 하늘을 날아간다. 이는 공간적인 이동이 아닌, 마음 깊은 곳에서 느끼는 진정한 귀향의 의미를 전해준다. 고향이라는 공간이 단순한 장소가 아니라, 우리의 기억과 감정, 그리고 존재의 근원이 될 수 있음을 다시금 일깨워준다. 바쁜 삶에 지친 우리가 때때로 멈춰 서서 돌아봐야 할 소중한 뿌리가 있다는 것을 일깨워주는 따뜻함이다.

아침부터 샛바람이
길 떠나기를 재촉한다
기다리는 사람도
약속도 없지만
슬픈 바람 속의 이별가가 되어
한때의 노란 환희에서 회색빛 떠돌이처럼
크고 작은 몸놀림으로
가벼운 티끌 되어 유희를 펼친다.

흩어지는 홀씨 하나가
시작을 기약하고
세상을 다시 일깨우는
희망찬 봄의 찬가이건만
공허한 세상과 채워지지 않는 여운의 삶에
민들레 홀씨는 슬픈 노래를 부르며
하늘을 방황하며 떠돌아다닌다.

어디에 나의 쉼터가 있을까.
쪽빛 햇살 머무는
누구의 시선도 머물지 않는
틈바구니에 조용히 내려앉는다.

나는 꿈이 있어요.
흩어져 사라짐이 아니라
당신의 첫봄이 되고파
이제 먼 여정을 이어 갈려고 해요.

기꺼이 기어이
훗날 우리 노란 웃음이 되어 다시 만나요.

— 〈민들레 홀씨 되어〉 전문

민들레 홀씨를 매개로, 떠남과 외로움, 품고 있는 희망을 조용히 그린다. 아침부터 불어오는 샛바람을 떠남의 신호로 받아들이며 시작된다. "기다리는 사람도, 약속도 없지만," 구절에서 알 수 있듯이, 이 떠남은 누군가를 만나기 위한 것도, 뚜렷한 목적이 있는 것도 아니다. 인생에서 이유 없이 흘러가야만 하는 시간과 닮아있다.

홀씨가 되어 날아가는 모습은 자유롭지만, 시인은 그 안에 담긴 쓸쓸함과 슬픔을 놓치지 않는다. "한때의 노란 환희"에서 "회색빛 떠돌이"가 되어버린 변화는, 우리가 겪는 찬란했던 시절과 그 후의 고독한 삶을 은유한다. 단순히 슬픔에만 머물지 않는다. 흩어진 홀씨 하나가 "새로운 시작을 기약하고 / 세상을 다시 일깨우는 / 희망찬 봄의 찬가"가 된다고 말함으로써, 흩어짐 속에서도 새로운 시작과 희망이 존재함을 보여준다.

"나는 꿈이 있어요."라는 대목은 시의 가장 중요한 전환점이다. 단순한 흩어짐이 아니라, 누군가의 첫봄이 되고자 하는 의지와 간절함, 그리고 다시 만날 날을 꿈꾸는 낙관적인 미래 지향성이 엿보인다. 우리가 아무리 외롭고 불확실한 여정을 거치더라도, 언젠가는 다시 만날 수 있고, 웃을 수 있다는 희망을 전해준다.

떠남과 흩어짐 속에서도 사라지지 않는 꿈과 희망에 대한 노래다. 우리의 삶도 민들레 홀씨처럼 어디론가 흩어지고 떠돌 수밖에 없지만, 그 속에서도 누군가의 봄이 되고 싶다는 소망은, 이 시가 우리에게 전하는 가장 따뜻한 위로다. 홀씨 하나도 그냥 스쳐 지나갈 수 없는 작은 삶의 철학으로 다가오게 한다.

바람이 머무는 곳 그 자리에
말없이 그대가 서 있다.

세월의 맷돌에도
깎이지 않고
누가 알아주지 않아도
색동 띠 옷을 입고
마을을 지키고 서 있다
누군가 떠날 때도, 돌아올 때도
한결같이 두 팔 벌려 반겨
마음의 고향임을 알린다.

장마철 거센 바람이 가지를 흔들어도
쓰러지지 않았고
흔들릴 지은정
뿌리는 결코 내어놓지 않았다.

어린 시절에는
아래에서 숨바꼭질했고
어른이 되고서는

그늘이 주는 위로에 기대앉았다.

마을의 지킴이.
그대가 있어 우리는 언제나
돌아올 것을 잃지 않는다.

— 〈당산나무〉 전문

마을 한가운데 자리한 오래된 나무를 통해, 공동체의 기억과 정서, 변치 않는 삶의 중심을 따뜻하게 그려내고 있다. '당산나무'는 단순한 나무가 아니라, 세월과 함께 살아온 마을 사람들의 삶을 품고 지켜온 존재이자, 그들이 마음으로 되돌아가는 고향의 상징이다.

바람이 머무는 곳에 말없이 서 있는 '그대' 즉 당산나무를 통해 말 없는 위로와 든든한 지지를 표현한다. "세월의 맷돌에도 깎이지 않고", "색동 띠 옷을 입고" 마을을 지키고 있는 모습은 고난 속에서도 자신의 자리를 묵묵히 지키는 존재에 대한 존경을 담는다. 우리의 부모, 혹은 고향 그 자체를 투영한 이미지를 그린다.

장마철 거센 바람에도 뿌리를 굳건히 지킨 나무는, 삶의 풍파에 흔들릴지언정 절대 포기하지 않는 존재로 읽힌다. 인간의 강인함과 의지를 상징하는 동시에, 나약한 우리에게 위로를 주는 따뜻한 품이 되어준다.

어린 시절의 숨바꼭질부터 어른이 되어 나무 그늘에 기대는 장

면까지, 시는 나무와 함께한 시간의 축적을 통해 추억과 현재를 이어준다. 당산나무는 단지 과거의 유물이 아니라, 현재의 쉼터이며 미래를 위한 희망이다.
  각자의 마음속에도 '돌아갈 수 있는 곳' 하나쯤은 있다는 사실이 떠오르게 한다. 그것이 고향일 수도, 사람일 수도, 혹은 추억일 수도 있다. 그리고 그 자리에 아무 말 없이 서 있는 '당산나무' 같은 존재 덕분에, 우리는 방황하다가도 언젠가는 다시 돌아올 수 있다는 믿음을 갖게 된다.

'차이가 없다.'
침묵 속에서 나를 찾아야 한다.
차이를 부정하며
평범함 뒤에 이어지는
언약의 벽을 넘어야 하기에
이름 없는 무인도에서
가능성의 돛을 띄워야 한다.

귀무의 숲을 지나
폭풍의 뱃길을 나서야 한다.

당신의 눈빛에서
떨림의 미학을 배우듯

특별함의 환상에서 깨어나
존재의 의미를 깨우쳐야 하고
스쳐 가는 바람에 묻어 나는 향기에서
다른 가설을 찾아야 한다.

하지만, 이내 고개를 끄덕이며
그대도 나도 다르지 않음을 수긍한다.

차라리 모든 차이를 지우고
홀가분한 마음에 자유를 만끽하고 싶다.

서쪽 하늘 회색빛 구름이
내 삶을, 내 존재를 아는 듯
유유자적 바람 가는 곳으로 동행 되어 흐르고 있다.

― 〈귀무가설歸無假說〉 전문

통계학에서의 귀무가설(null hypothesis) "차이가 없다"라는 전제를 삶에 대한 은유로 끌어와 존재의 정체성과 관계에 대한 고찰로 그린다. 시인은 "차이를 부정하며 / 평범함 뒤에 이어지는 / 언약의 벽을 넘어야 하기에"라고 말하며, 차이 없음이라는 안정된 가정 속에서도 여전히 넘어서야 할 벽과 도전이 존재함을 말하고 있다. 평범한 일상 속에서도 나만의 정체성을 찾아야 한다는 절박한 내면의 목소리로 읽힌다.

"귀무의 숲"은 일종의 관습이나 고정관념의 세계처럼 느껴지며, 그 숲을 지나 "폭풍의 뱃길"로 나아가는 여정은 진실을 향한 내면 탐색의 상징으로 다가온다. 자신뿐 아니라, 타인과의 관계 속에서 특별함과 차이를 기대하지만, 결국엔 "그대도 나도 다르지 않음을 수긍"하게 된다. 진정한 이해와 수용의 경지에 이른 순간처럼 다가온다.

후반부에서는 모든 차이를 초월하여 자유를 만끽하고자 하는 열망이 드러난다. "차라리 모든 차이를 지우고 / 홀가분한 마음에 자유를 만끽하고 싶다"라는 표현은, 자신을 괴롭히던 '다름'에 대한 집착을 내려놓고, 존재 자체로 충분하다는 깨달음으로 나아간다. "유유자적 바람 가는 곳으로 동행 되어 흐르고 있다"라는 시의 건축은 해탈의 정서를 평화롭게 마무리한다.

슬픔의 눈물이 말라
가슴속 깊은 곳에
무거운 무게
침묵으로 짓누른다.

미소 뒤에 숨은 어두운 그림자
손짓으로 부르면
어깨가 무너질까 봐

접어둔 긴 밤의 연속이다

당신이 내 곁에 있었다는 사실이
위로가 되고,
당신이 키운 꽃들이 있기에,
무거움을 견디며
조금씩 단단해져 왔다.

슬픔은 이제 크지 않다
다만 잊혀져 간다는 것이 슬플 뿐이다.

― 〈슬픔의 무게〉 전문

  슬픔을 조용히 견뎌내는 한 사람의 내면을 섬세하게 그려낸다. 눈물로 표현되지 못한 슬픔이 가슴속에 '무거운 무게'로 남아 침묵으로 눌러오는 모습은, 겉으로는 괜찮아 보이지만 속으로는 힘겹게 버티는 사람의 모습과 닮아있다.
  "미소 뒤에 숨은 어두운 그림자"라는 표현은, 밝은 얼굴 뒤에 감춰진 아픔을 상징적으로 드러내며, 누구나 겪는 내면의 고통을 공감하게 만든다. "당신이 키운 꽃들이 있기에"라는 구절은, 슬픔 속에서도 삶을 버틸 수 있게 해주는 따뜻한 기억과 사람의 존재를 암시한다. 시는 상실과 고통 속에서도 위로와 성장의 가능성을 표현하려 한다.

"슬픔은 이제 크지 않다 / 다만 잊혀져 간다는 것이 슬플 뿐이다." 부분은 슬픔이 점점 무뎌지는 것이 단순한 치유가 아니라 또 다른 슬픔으로 다가온다는 역설적인 감정을 담고 있어 깊은 여운을 남긴다.

슬픔이 단순히 없어지는 것이 아니라, 기억과 함께 삶의 일부로 자리 잡으며 우리를 조금씩 단단하게 만든다는 사실을 느낄 수 있다. 슬픔을 감추고 견디는 이들에게 따뜻한 위로를 전해준다.

한낮의 요란스러움이
잠재워지고,
잦아드는 바람은
말수를 줄이더니
가쁜 숨을 고르며 둥지를 찾아
마지막 날갯짓하는
새들을 도와준다.

햇살이 옷자락을 걷어 올려
슬며시 경계를 넘어가고,
구름은 붉은 물감을 머금으며
색으로 남은 하루를 마무리할 즈음
노을은 찰나의 시간을 물들이고

명암의 경계선을 넘는
친구와 이별을 준비한다.
이 순간은
어둠과 함께 사라지는 것이 아니라
내일의 새로움을 준비하는
숭고한 시간 들이다.
저 붉음의 용트림은
천지간 사라지지 않으려는 빛이
하늘을 품에 안는 기도이며
뜻을 고백하는 시간이다.

어둠이 내린다.
노을이 지친 하루를 품는 것처럼
내 마음도
천천히 물들고 있다.

— 〈노을〉 전문

'노을'이라는 짧고도 강렬한 순간을 통해 삶의 의미와 내면의 성찰을 섬세하게 그려낸 명징함이다. 자연의 변화를 섬세하게 관찰하고, 인간의 감정과 연결하여 깊은 울림을 전한다.
　한낮의 소란스러움이 잦아드는 장면. 단순한 시간의 흐름을 넘어, 하루의 삶 속에서 인간이 겪는 소란과 분주함이 마침내 고요함 속으로 들어가는 과정을 의미하는 듯하다. 바람은 점점 말수가 줄어들고, 새들은 둥지를 향해 날갯짓한다. 인간이 집으로 돌아와 하루를 정리하며 평온을 찾는 모습과도 닮아있다.

노을이 물드는 장면은 시적 감수성이 가장 빛나는 부분이다. '햇살이 옷자락을 걷어 올려 슬며시 경계를 넘어가는' 표현은 시간의 흐름을 시각화하며, 하루의 끝과 밤의 시작이라는 경계의 모호함을 부드럽게 드러낸다. '색으로 남은 하루'라는 구절은, 지나간 시간이 눈에 보이는 아름다움으로 전환되는 예술적 순간을 상징한다.

노을은 단순한 자연현상을 넘어, 인간의 삶과 연결된 상징으로 다가온다. '명암의 경계선을 넘는 친구와 이별 준비를 한다'는 표현은 삶 속의 관계, 변화, 그리고 이별의 순간들을 노을에 투영한다. 이별은 슬픔보다는 새로운 시작을 위한 숭고한 준비로 여겨진다.

붉게 물든 하늘은 단순한 시각적 아름다움을 넘어, '하늘을 품에 안는 기도'로 해석된다. 이는 말로 표현할 수 없는 마음속 소망과 다짐이 하늘에 전해지는 순간이며, 인간 존재의 경건함을 떠올리게 한다. 노을이 지친 하루를 품듯, 자신 역시 노을에 물들고 있다고 말한다. 이는 자연과 인간이 하나로 연결되어 있으며, 자연이 주는 위로와 치유가 얼마나 깊은지를 보여준다.

하루의 끝, 삶의 고요한 마무리를 통해 인간 내면의 깊은 감정을 섬세하게 드러낸 작품이다. 노을은 단순한 경관이 아닌, '내일의 새로움을 준비하는 숭고한 시간'으로 재해석되며, 하루의 끝에서 마주하는 침묵과 사색의 가치를 일깨운다.

누구나 시 하나쯤 품에 껴안고 산다. 그 어디서도 찾을 수 없는 따뜻한 위안을 박창민 시인은 주섬주섬 수첩에 담아놓은 듯하다. 살아가다 보면 무인도이고 벽이고 혼자라는 생각이 들 때다. 시는 영감으로 들어와 품에 안긴다. 시인은 늘 연필 한 자루를 잘 깎아서 귀 뒤에, 꼽고 산다. 시를 간직한 영靈이 언제 어떻게 찾아올지 모르기 때문이다. 박창민 시인은 두꺼운 수첩을 가지고 있다. 육교 아래 봄빛이 까맣게 타고 있으면 수첩을 꺼내어 그 햇빛의 내력을 살피려 한다. 천상시인이다. 삶이 쓸쓸한 여행이라고 생각될 때 시의 터미널에 나가 시를 기다린다. 시가 짐을 들고 오면 쏜살같이 달려가 연필을 들고 그를 스케치하는 시인으로 읽힌다. 시들이 하나같이 박재삼이나 신경림 시인이 들었던 가방을 들고 있는 느낌이 든다. 삶이란 뻔한 결말이라고 한다. 시인은 그렇지 않다. 시인은 삶을 귀하게, 고귀하게 만드는 신령함을 지닌다. 박창민 시인은 시들에 대하여 소망을 넣어주고 있다. 삶의 파도에 시를 띠어 보내고 있다. 고요하게 마음을 지키는 시의 수첩을 지닌 시인이다.

현대작가시인선 008
박창민 시집 _ 길 위에 흐르는 마음

인쇄 | 2025년 8월 15일
발행 | 2025년 8월 25일

지은이 | 박창민
발행인 | 김용언

발행처 | 현대작가사
주소 | 03132 서울시 종로구 삼일대로 30길 21 종로오피스텔 809호
전화 | (02)765-2576
이메일 | moonyosk@hanmail.net
등록 | 제336-96-01008호
인쇄·제본 | 신아출판사
주소 | 전북 전주시 완산구 공북 1길 16
전화 | (063)275-4000   이메일 | sina321@hanmail.net
ISBN 979-11-94761-01-3 04810
ISBN 979-11-971984-1-0 (세트)

값 15,000원

잘못 만들어진 책은 바꾸어 드립니다.